AFFRANCHISSEMENTS

A PRIX RÉDUITS

(ARRÊTÉ DU 25 NOVEMBRE 1893)

AFFRANCHISSEMENTS

A PRIX RÉDUITS

(ARRÊTÉ DU 25 NOVEMBRE 1893)

AFFRANCHISSEMENTS

A PRIX RÉDUITS

(Arrêté du 25 novembre 1893.)

Un arrêté ministériel du 25 novembre 1893 (*Journ. off.* du 7 décembre) codifie les dispositions relatives aux conditions d'admission par le service des postes des objets affranchis à prix réduits ; cet acte tranche des difficultés auxquelles cette matière donnait lieu, et procure au public de nouvelles facilités. A raison de son importance pratique, nous croyons devoir reproduire ce document presque en entier, malgré son étendue.

TITRE Ier

JOURNAUX ET ÉCRITS PÉRIODIQUES.

Art. 1er. — Sont considérés comme périodiques et admis comme tels à bénéficier des tarifs fixés par les articles 3, 4 et 5 de la loi du 6 avril 1878, les journaux, recueils, annales, mémoires et bulletins paraissant au moins une fois par trimestre et dont la durée de publication n'est pas limitée ; ces écrits doivent porter d'une manière apparente l'indication imprimée de la nature de leur périodicité, quotidienne, hebdomadaire, mensuelle ou autre.

Sont soumis à la taxe des imprimés ordinaires :

Les ouvrages édités par livraisons et dont la publication embrasse une période de temps déterminée ;

Les feuilletons, articles littéraires et ceux dits variétés détachés des journaux avec lesquels ils ont primitivement fait corps, les volumes brochés ou reliés composés d'exemplaires d'un journal ou écrit périodique embrassant une période de publication d'un mois au moins pour les écrits quotidiens et de trois mois au moins pour les autres écrits.

Art. 2. — Lorsqu'un journal s'imprime dans un lieu différent du siège de son administration, on considère comme lieu de publication, au point de vue de l'application de la taxe, celui où se trouve le siège de l'administration du journal.

Art. 3. — Est considérée comme supplément d'un journal toute feuille détachée portant, avec l'indication imprimée de supplément, le titre et la date ou le numéro de la feuille principale et formant avec celle-ci un seul et même exemplaire.

Tout supplément qui ne remplit pas les conditions prévues par l'article 5 de la loi du 6 avril 1878 pour être exempté de la taxe doit être pesé avec la feuille principale, et le port est perçu d'après le poids total.

Art. 4. — Les suppléments expédiés isolément sont considérés comme un numéro de journal et taxés en conséquence.

Art. 5. — Toute feuille contenant plusieurs journaux ou écrits périodiques de titres différents ou plusieurs numéros de dates différentes doit acquitter la taxe qui serait applicable à chacun de ces numéros s'ils étaient expédiés isolément.

La taxe est applicable à tout exemplaire ou numéro d'un journal ou d'un écrit périodique, autant de fois que cet exemplaire ou ce numéro est remis dans le service.

Art. 6. — Les comptes rendus officiels des débats législatifs sont expédiés, en exemption des droits de poste, aux éditeurs des journaux des départements, et ces éditeurs peuvent les réexpédier également à leurs abonnés, en exemption des droits de poste, à la condition expresse de les joindre à leur feuille. Expédiés isolément, ces comptes rendus sont soumis à la taxe ordinaire des écrits périodiques.

Art. 7. — Sont admis à circuler par la poste, au tarif des publications périodiques, dans les limites du territoire de la République :

1° Les journaux et écrits périodiques contenant de simples traits faits à la main et destinés à marquer un mot ou passage du texte;

2° Les journaux sur lesquels ont été inscrites des réflexions ou critiques concernant l'article en regard et dépourvues de tout caractère de correspondance pour la personne à laquelle le journal est envoyé;

3° Les journaux ou écrits périodiques expédiés par les éditeurs et portant des mentions ajoutées soit à la main, soit au moyen d'un timbre ou d'un procédé quelconque, sur eux-mêmes ou sur leurs bandes, et ayant pour objet d'annoncer que l'envoi est fait gratuit, pour échange, comme spécimen, ou expressions analogues, ainsi que les journaux ou écrits périodiques expédiés par les éditeurs et sur les bandes desquels sont imprimées des mentions relatives au service du journal et des abonnements et n'ayant aucun caractère de correspondance personnelle ;

4° Les journaux dont une partie du texte, consacrée à des prix courants ou à des cours de vente et laissée en blanc, se trouve complétée par des chiffres ou des mots dépourvus de tout caractère de correspondance personnelle ;

5° Les journaux auxquels sont joints des morceaux d'étoffe ou de papier teints ou non servant à une démonstration scientifique, comme par exemple l'explication d'un procédé de teinture ou de fabrication.

Art. 8. — Les journaux doivent être placés sous bandes mobiles ne couvrant pas plus du tiers de leur surface ou sous un simple tour ou croisé de ficelle ; dans ce dernier cas, l'adresse du destinataire doit être écrite d'une manière très apparente sur la bordure extérieure du journal et les ficelles doivent être disposées de manière à être aisément dénouées, pour permettre la vérification des objets expédiés.

Les journaux illustrés et les publications artistiques peuvent, en cas de nécessité, être placés sous une enveloppe destinée à les protéger, mais cette enveloppe doit rester ouverte aux deux extrémités et être disposée de telle sorte que la vérification du contenu puisse avoir lieu facilement.

Art. 9. — Les éditeurs de journaux peuvent être autorisés à déposer leurs exemplaires à la dernière limite d'heure, soit aux bureaux sédentaires, soit aux bureaux ambulants en partance ou en gare, à la condition que ces exemplaires soient préalablement affranchis et sous la réserve que les éditeurs se conforment aux conditions de tri et de dépôt qui leur sont indiquées par l'administration.

Les demandes d'autorisation doivent, à Paris, être adressées au directeur général des postes et des télégraphes et, dans les départements, aux directeurs.

Art. 10. — Les bandes de journaux dont les éditeurs ont été autorisés à effectuer le dépôt en dernière limite d'heure doivent être présentées au bureau de poste, dans la matinée, la veille du jour où doit avoir lieu l'expédition. Ces bandes sont divisées par catégories, suivant le taux d'affranchissement et par paquets de 100 au maximum ; elles doivent porter chacune le titre imprimé du journal et l'adresse du destinataire, imprimée ou manuscrite, sans rature ni surcharge.

Lorsqu'une même bande est destinée à contenir plusieurs exemplaires, le nombre des exemplaires est indiqué en chiffres par l'éditeur, à l'angle gauche supérieur de cette bande.

Art. 11. — Chaque dépôt de bandes est accompagné d'un bordereau qui énonce la destination des journaux (France ou étranger), le nombre des bandes à timbrer et le montant des taxes à payer.

Ce bordereau, signé par l'éditeur ou son représentant et certifié exact par le receveur, est frappé du timbre à date du jour de dépôt et conservé au bureau. Les ratures, surcharges ou rectifications opérées sur les bordereaux doivent être approuvées par les éditeurs ou leur représentant et par les receveurs des postes et télégraphes.

Art. 12. — La perception des droits d'affranchissement sur les bandes timbrées à l'avance a lieu en numéraire pour les exemplaires à expédier isolément à destination de l'intérieur, et en timbres-poste pour les exemplaires destinés à être expédiés en nombre sous une même bande et pour ceux à destination de l'étranger et des colonies.

Les éditeurs sont également autorisés à employer, pour l'affranchissement des journaux à expédier en dernière limite d'heure, des bandes timbrées vendues par l'administration, ou des bandes fabriquées par l'industrie privée et timbrées conformément aux dispositions de l'arrêté ministériel du 8 septembre 1882.

Les bandes à affranchir en timbres-poste et les bandes timbrées sont présentées au bureau en même temps que les bandes à affranchir en numéraire, mais en paquets distincts (France et étranger); elles sont mentionnées au bordereau indiqué à l'article précédent dans les colonnes préparées à cet effet.

Les timbres-poste sont apposés par les soins des receveurs, et lorsque les journaux à destination de l'intérieur, réunis sous une même bande, donnent droit à la perception d'un demi-centime, cette perception est constatée sur la bande par les mots « un demi-centime en plus », portés soit à la main, soit au moyen d'un timbre. La somme des demi-centimes ainsi perçue et non représentée en timbres-poste est portée à part, par le receveur, sur le bordereau de dépôt.

Les timbres-poste sont oblitérés par l'application du timbre à date ordinaire sur les figurines.

Art. 13. — Lorsque les journaux à déposer en dernière limite d'heure doivent être accompagnés de suppléments auxquels l'exemption de port stipulée par l'article 5 de la loi du 6 avril 1878 n'est pas applicable, la taxe est perçue en même temps que celle de la feuille principale. Le timbre apposé à l'avance fait foi pour la perception totale.

Le bordereau doit seulement mentionner que le journal comprend un supplément.

Art. 14. — Ne doivent pas être admis dans le service les journaux placés sous des bandes timbrées d'avance, lorsque la suscription primitive de ces bandes a été effacée pour faire place à une nouvelle adresse.

Art. 15. — Les taxes perçues pour les bandes qui n'auraient pas été employées sont restituées aux éditeurs sur leur demande. Ces bandes sont mises à l'appui du bordereau et le montant en est déduit de la somme à payer.

Art. 16. — Les imprimés non périodiques encartés dans les journaux sont passibles d'un port distinct et doivent être affranchis d'après le tarif fixé par l'article 6 de la loi du 6 avril 1878. Le prix du port de ces imprimés est cumulé avec celui du journal, et l'affranchissement total a lieu soit en numéraire, soit en timbres-poste apposés sur la bande qui recouvre les deux objets.

Les éditeurs sont autorisés à insérer des imprimés ordinaires dans les journaux affranchis au moyen du timbrage préalable des bandes et déposés en dernière limite d'heure, à la condition d'acquitter d'avance, en numéraire ou en timbres-poste, le port dont ces objets sont passibles. Dans ce cas, la perception du port est constatée au bureau d'origine par l'application des timbres d'affranchissement ou d'oblitération, selon le cas, à l'angle droit supérieur de l'imprimé lui-même.

TITRE II.

IMPRIMÉS NON PÉRIODIQUES.

Art. 17. — Sont compris dans la catégorie des imprimés ordinaires et soumis aux tarifs fixés par les articles 6 et 7 de la loi du 6 avril 1878 :

1° Les circulaires, prospectus, avis divers, prix courants, les cartes-adresses, les catalogues et les annonces ;

2° Les avis, imprimés ou lithographiés, de naissance, de mariage ou de décès, et les cartes de visite ;

3° Les lettres imprimées, contenant des vœux ou des souhaits également imprimés, lorsque ces vœux ou souhaits sont formulés en termes impersonnels et à l'occasion d'un événement général comme le jour de l'an, la fête de Noël, etc. ;

4° Les circulaires électorales et les bulletins de vote ;

5° Les livres et les brochures ;

6° Les photographies ;

7° Les partitions et les feuilles de musique imprimées, gravées ou lithographiées ;

8° Les gravures, images, dessins, les plans et cartes géographiques, lorsqu'ils n'ont pas été faits à la main, et généralement toutes les impressions obtenues par la typographie, la lithographie, la gravure, l'autographie ou la polygraphie, sur papier, parchemin ou carton, pourvu qu'elles ne soient accompagnées d'aucune lettre ou note manuscrite ayant le caractère de correspondance personnelle ou pouvant en tenir lieu, et qu'elles ne présentent pas elles-mêmes ce caractère dans leur propre texte.

Art. 18. — Sont également admis à circuler par la poste au tarif des imprimés :

1° Les papiers revêtus de points en relief à l'usage des aveugles ;

2° Les livres, brochures, circulaires, avis divers et en général tous les imprimés et objet assimilés revêtus de simples traits faits à la main et destinés à marquer un mot ou un passage du texte ;

3° Les circulaires sur lesquelles il est ajouté après le tirage, soit au moyen d'un procédé typographique ou d'un timbre, soit à la main, des chiffres ou des mots qui, reproduits uniformément sur tous les exemplaires déposés le même jour à la poste, ne leur ôtent pas le caractère de circulaire et ne présentent aucun indice de correspondance personnelle ;

4° Les catalogues, prix-courants et mercuriales sur lesquels sont portés, par les moyens ci-dessus énoncés, des chiffres destinés à indiquer le prix des marchandises et des denrées, ainsi que les mentions: franco de port; en port dû; escompte, ... p. 100; remises, etc., ou expressions équivalentes servant à compléter le prix ; des indications de poids, mesures ou quantités et des indications d'articles ou d'objets autres que ceux énumérés dans le texte imprimé des formules ;

5° Les formules imprimées de lettres de faire part et de convocation en cas de décès, sur lesquelles sont ajoutés, par un procédé quelconque, après le tirage, les nom, prénoms, qualité ou profession et âge du défunt, la date du décès, le jour, l'heure et le lieu de réunion ;

6° Les formules imprimées de lettres de convocation à une réunion, sur lesquelles sont ajoutées soit à la main, soit au moyen d'un timbre ou d'un autre procédé, les indications relatives au jour, à l'heure, au lieu et à l'objet de la réunion ;

7° Les livres, brochures et en général toutes productions littéraires ou artistiques, sur lesquels est portée une dédicace manuscrite, consistant en un simple hommage de l'auteur ;

8° Les cartes de visite imprimées ou manuscrites contenant les indications ci-après :

Nom, prénoms, qualité ou profession et adresse de l'expéditeur ;

Jours et heures de consultation ou de réception ;

Pour prendre congé ou P. P. C. ;

Pour faire connaissance ou P. F. C. ;

En congé, en disponibilité ou retraité ;

Remerciements ;

Vœux ou souhaits formulés en termes impersonnels et à l'occasion d'un événement général, comme le jour de l'an, la fête de Noël, etc... ;

9° Les imprimés auxquels sont joints des morceaux d'étoffes ou de papiers teints ou non servant à une démonstration scientifique, comme par exemple l'explication d'un procédé de teinture ou de fabrication.

Il est défendu d'expédier à prix réduit des circulaires, prospectus, prix courants et avis divers écrits à la main.

Art. 19. — Sont admis à la taxe de 5 centimes par 50 grammes :

1° Les circulaires, prospectus, prix courants et avis divers imprimés sur cartes, expédiés à découvert et portant leur adresse écrite au recto de la carte, à la condition de ne présenter aucun indice de correspondance personnelle ;

2° Les avis imprimés invitant les destinataires des colis postaux non livrables à domicile à faire retirer lesdits colis ;

3° Les avis imprimés invitant les expéditeurs des colis postaux envoyés contre remboursement à faire retirer le montant de ce remboursement.

4° Les avis imprimés par lesquels les expéditeurs sont informés de la livraison ou des motifs de la non livraison des colis postaux aux destinataires.

Les avis désignés dans les paragraphes 2, 3 et 4 ci-dessus ne doivent être ni cachetés, ni contenir de mentions manuscrites autres que celles prévues par le texte imprimé des formules.

Art. 20. — Les circulaires et prospectus sans autre adresse qu'un nom de ville et de profession peuvent être reçus en nombre à l'affranchissement, pour être distribués aux industriels qui exercent cette profession dans la ville indiquée.

L'affranchissement payé ne donne droit à aucun remboursement pour les avis non distribués, au cas où le nombre des exemplaires déposés à la poste est supérieur à celui des industriels désignés pour chaque localité.

Art. 21. — Les dessins, cartes, plans, gravures, lithographies, photographies et autres objets de même nature peuvent être placés sur rouleaux, entre des cartons ou des planchettes, ou enfin dans un étui ouvert d'un côté ou aux deux extrémités.

Ces objets doivent toujours pouvoir être aisément vérifiés.

TITRE III.

ÉPREUVES CORRIGÉES, PAPIERS DE COMMERCE OU D'AFFAIRES.

Art. 22. — Sont admis à circuler aux conditions du tarif de 5 centimes par 50 grammes, fixé par l'article 6 de la loi du 3 août 1875, pour les épreuves d'imprimerie corrigées, les papiers de commerce ou d'affaires, les échantillons de marchandises :

1° Les manuscrits d'ouvrages et les épreuves d'imprimerie corrigées, ainsi que les épreuves de dessin corrigées sur bois ou sur métal.

Les épreuves peuvent contenir, indépendamment des corrections, les mots « bon à tirer », « bon à tirer après corrections » ou « bon à graver », « bon à graver après corrections », ou encore « fournir une nouvelle épreuve », « exact », « rien à modifier » ou expressions équivalentes, à l'exclusion de toutes observations ou commentaires de quelque nature que ce soit ;

2° Les pièces de procédure et les actes de tous genres dressés par les officiers ministériels, les sommations, les réquisitions et titres de toute nature mis ou à mettre à l'appui des actes ou dossiers, les journaux légalisés ou enregistrés, les copies ou extraits d'actes sous seing privé, les actes ou extraits d'actes de l'état civil ;

3° Les notes de frais et d'honoraires, avec ou sans indication de la date et du mode de paiement ;

4° Les factures acquittées ou non, les relevés de comptes ou de factures, bordereaux ou avis d'expédition ainsi que les copies de ces pièces adressées à toute personne indistinctement ;

5° Les polices d'assurances et les avenants constituant des actes parfaits, ainsi que les plaques d'assurance qui en sont le complément ; les polices d'assurances et les avenants signés seulement par les agents ayant les pleins pouvoirs des compagnies et adressés par eux soit aux agents placés sous leurs ordres, soit aux assurés pour recueillir la signature de ces derniers ;

6° Les pièces de comptabilité, bordereaux et autres documents de service des compagnies et maisons industrielles ou commerciales ;

7° Les titres de toute nature servant de pièces justificatives ou d'éclaircissements à une affaire quelconque, judiciaire, industrielle ou commerciale ;

8° Les lettres de voiture et connaissements, les récépissés de chemins de fer ;

9° Les ordonnances médicales, les certificats et documents analogues, pourvu qu'ils ne soient pas établis en forme de lettres ;

10° Les partitions et feuilles de musique manuscrites ;

11° Les affiches écrites à la main, en tout ou en partie ;

12° Les cartes et plans, patrons, modèles et dessins à la main, les lettres de date ancienne, ayant perdu le caractère d'actualité et de personnalité ;

13° Les effets de commerce échus ou à échoir ne portant que les indications prévues par les articles 110 et 188 du Code de commerce ;

14° Les livrets de toute nature ;

15° Les quittances et reçus de sommes versées n'affectant pas la forme d'une lettre.

Et généralement tous les objets et papiers manuscrits ne présentant aucun caractère de correspondance personnelle ou ne pouvant en tenir lieu.

Art. 23. — Les factures de débit et les bordereaux ou avis d'expédition, les factures d'avoir et les relevés de compte ou de factures peuvent contenir les indications ci-dessous mentionnées :

1° Factures de débit et bordereaux ou avis d'expédition.

Numéro d'ordre, marques ; désignation et prix des objets, escompte, frais et débours, date d'expédition, provenance ;

Toute indication du mode d'envoi, comme par exemple : *Chemin de fer (petite ou grande vitesse) tarif ordinaire ou tarif spécial. — Bateaux. — Messageries — par le messager X ou par M. X. — par sa voiture ou par lui-même — joint à l'envoi de M. X. ou remis chez M. X. — à disposition, en dépôt — colis postal, en gare ou à domicile ;*

Désignation de la date, du mode et du lieu de paiement : *payable comptant, — payable à.... jours, ou à.... mois, — payable le.... — valeur au.... prochain ou valeur à.... jours, ou à.... mois, — payable ou valeur en ma traite au.... — contre remboursement, payable en timbre-poste, en papier sur telle ville, chez M. X....* ou autres mentions équivalentes :

Rappel de l'ordre ou de la commande ;

En disponibilité sur marché du.... — situation du marché ;

Sauf erreur ou omission (S. E. O. O.) ;

Duplicata, conditionnelle, conditionnellement, ou remis à condition, remis conditionnellement, gardé ou conservé sur condition du....

Facture rectificative, facture rectifiée ;

Cadeau offert ;

Fûts, caisses, emballages, etc., à rendre, à la condition que cette indication se rapporte aux emballages des marchandises facturées et non à des emballages antérieurement fournis.

2° Factures d'avoir.

Désignation et prix des marchandises qui en font l'objet.

3° Relevés de comptes et de factures.

Relevé du compte par doit et avoir, relevé par totaux des factures antérieures, date de ces factures, date et mode de paiement.

Art. 24. — Il est interdit d'expédier à taxe réduite:

1° Des factures, bordereaux ou avis d'expédition, relevés de comptes ou relevés de factures rédigés en forme personnelle ou contenant un texte de lettre ou une formule de salutation ;

2° Des lettres de commande ou notes de commission ;

Et en général tous les objets quelconques ayant par eux-mêmes le caractère d'une correspondance ou pouvant en tenir lieu, ainsi que ceux portant des mentions ayant ce même caractère et autres que celles autorisées.

TITRE IV.

ÉCHANTILLONS.

Art. 25. — Sont compris dans la catégorie des échantillons et admis comme tels à circuler à l'intérieur au prix de 5 centimes par 50 grammes :

1° Les morceaux ou petites quantités d'un produit, destinés à le faire connaître ; les produits et objets eux-mêmes, fabriqués ou confectionnés ;

2° Les broderies ou passementeries, dites d'or ou d'argent, dont la partie principale est composée d'une chaîne en soie ou en coton ;

3° Les bijoux faux, y compris les bijoux dorés ou argentés ou plaqués d'or ou d'argent ;

4° Les liquides et corps gras, les matières colorantes et autres objets similaires, les poudres sèches, colorantes ou non, sous les conditions déterminées en l'article suivant ;

5° Les abeilles vivantes renfermées dans des boîtes disposées de manière à éviter tout danger et à permettre la vérification de leur contenu.

Et en général tous les objets présentés comme échantillons, à l'exception de ceux énumérés en l'article 29 ci-après.

Art. 26. — Les paquets d'échantillons peuvent être placés sous bandes ou sous enveloppes ouvertes, dans des boîtes, étuis, sacs en papier ou en toile disposés de telle manière que le contenu puisse aisément être vérifié. Toutefois les boîtes, sacs ou étuis contenant des produits industriels peuvent être scellés au moyen de bandes, étiquettes ou cachets portant la marque de fabrique et servant à attester la propriété du fabricant.

Les liquides, les huiles, les corps gras facilement liquéfiables, qui ne rentrent pas dans la catégorie des objets prohibés, peuvent être admis dans le service à la condition d'être insérés dans des flacons de verre épais.

Ces flacons doivent être placés dans des blocs en bois perforés, ou dans des boîtes en bois, en cuir ou en carton solide garnis de sciure de bois, de coton ou de matière spongieuse en quantité suffisante pour absorber le liquide en cas de rupture des flacons. Lorsqu'il est fait emploi de boîtes, ces boîtes doivent être renfermées dans des étuis en fer-blanc. Les parois des blocs perforés ne doivent pas avoir dans leurs parties les plus faibles une épaisseur inférieure à 2 millimètres et demi.

Les corps gras difficilement liquéfiables, les matières colorantes ou autres objets similaires doivent être enfermés dans une première enveloppe (boîte ou pot, sac en toile, parchemin, etc.), laquelle doit elle-même être placée dans une seconde boîte en bois ou même en carton très résistant.

Les poudres sèches, colorantes ou non, sont admises dans des boîtes en carton, renfermées elles-mêmes dans un sac en papier fort ou en parchemin.

Dans aucun cas, les conditions exigées pour l'admission des échantillons désignés dans les paragraphes précédents ne doivent faire obstacle à la facilité du contrôle.

Art. 27. — Le poids maximum des paquets est fixé à 350 grammes ; leurs dimensions en longueur, largeur et hauteur ne peuvent être supérieures à 30 centimètres, à l'exception des échantillons d'étoffes collés sur papier ou sur carte mince, dont les dimensions peuvent exceptionnellement atteindre 45 centimètres.

Art. 28. — Les échantillons expédiés isolément ou fixés à des cartes, circulaires, prospectus ou catalogues imprimés peuvent porter, soit sur eux-mêmes, soit sur des étiquettes jointes à ces objets ou sur les cartes, circulaires, etc., auxquels ils sont fixés, l'indication du nom ou de la raison sociale de l'envoyeur, son adresse, des numéros d'ordre et des prix, ainsi que toutes les indications imprimées ou même manuscrites y relatives et n'ayant aucun caractère de correspondance personnelle.

Art. 29. — Sont exclus du service les matières dangereuses, inflammables ou explosibles, celles qui exhalent une odeur fétide, les objets passibles de droits de douane ou d'octroi, et généralement tous ceux qui sont de nature à blesser les agents et à détériorer ou à salir les correspondances ou à en compromettre la sûreté, sauf l'exception stipulée en l'article 26 concernant les liquides, corps gras, etc.

Sont exclus également du transport à titre d'échantillons :

1° Les échantillons de phylloxéra ;

2° Les échantillons revêtus de marques faites en caractères conventionnels ;

3° Les matières d'or ou d'argent, les bijoux et objets précieux.

TITRE V.

DISPOSITIONS DIVERSES.

Art. 30. — Tous les objets admis à circuler à prix réduit peuvent porter extérieurement ou intérieurement l'indication imprimée ou manuscrite des noms, qualités, professions et adresses des envoyeurs et des destinataires, ainsi que la date de leur expédition et la signature de l'envoyeur.

Art. 31. — Sont autorisés moyennant acquittement préalable d'un port supplémentaire de 10 centimes représentant le prix d'une carte postale :

1° L'addition manuscrite sur les livres, brochures, photographies, gravures, papiers de musique, et généralement sur toutes productions littéraires ou artistiques, imprimées, gravées ou lithographiées, de l'offre ou de l'hommage de personnes autres que l'auteur ;

2° L'addition, soit sur les papiers de commerce ou d'affaires, épreuves d'imprimerie corrigées ou échantillons, soit sur les fiches ou étiquettes qui accompagnent ces papiers, épreuves et échantillons, d'annotations imprimées ou manuscrites ayant le caractère de correspondance personnelle, à l'exclusion de toutes lettres détachées ;

3° L'indication imprimée ou manuscrite sur les catalogues ou nomenclatures imprimés, de la quantité et du prix des marchandises demandées.

Art. 32. — Lorsque des imprimés sont placés sous une même bande ou enveloppe, avec des échantillons et des papiers d'affaires ou épreuves corrigées, ils ne sont pas affranchis séparément. Le montant du port à percevoir est déterminé d'après le tarif qui doit donner, à raison du poids total, la taxe la plus élevée.

Art. 33. — Les paquets de journaux, imprimés, échantillons, papiers d'affaires et épreuves corrigées doivent être confectionnés solidement et en même temps de manière que le contenu puisse toujours en être facilement et promptement vérifié.

Les paquets pesants et volumineux peuvent être consolidés par des ficelles disposées de façon à être dénouées aisément.

Art. 34. — Le maximum de poids des paquets de journaux, d'imprimés, de papiers d'affaires ou d'épreuves corrigées confiés à la poste est fixé à 3 kilogr. Ces paquets ne peuvent avoir, sur aucune de leurs faces, une dimension supérieure à 45 centimètres.

Toutefois, ceux de ces paquets expédiés sous forme de rouleaux peuvent atteindre au maximum 75 centimètres en longueur, à la condition que leur diamètre n'excède pas 10 centimètres.

Art. 35. — Lorsque plusieurs paquets à l'adresse d'un même destinataire et dépassant ensemble le poids de 3 kilogr., sont présentés simultanément à un bureau de poste et télégraphe, le receveur peut en répartir l'expédition entre plusieurs courriers successifs et inviter, à cet effet, l'envoyeur à faire connaître l'ordre dans lequel les paquets devront être expédiés.

Dans le cas d'accumulation des dépêches ou d'insuffisance des services établis, les paquets déposés à la poste et affranchis à prix réduit peuvent être retardés d'un, de deux ou même de trois ordinaires, soit au bureau où ils ont été déposés, soit dans les bureaux par lesquels ils doivent transiter.

Art. 36. — Sont toutefois expédiés et transmis sans retard, dans tous les cas :

1° Les journaux et écrits périodiques ;

2° Les prix courants, mercuriales, cotes de Bourse ou d'offices de publicité et de ventes ;

3° Les lettres de convocation et avis de passage des voyageurs de commerce ;

4° Les avis de naissance, mariage ou décès ;

5° Les affiches ;

6° Les épreuves d'imprimerie et les papiers d'affaires ;

7° Les imprimés relatifs aux élections.

Art. 37. — Tout paquet dont la forme, le poids ou le volume rendrait impossible son transport par les facteurs est conservé au bureau de destination, pour y être distribué au guichet.

Sont également réservés, pour être distribués au guichet, les paquets qui, bien qu'ils puissent être isolément transportés par les facteurs, ne pourraient cependant, soit en raison de leur nombre, soit en raison du volume des correspondances ordinaires, être portés à domicile par ces agents.

Art. 38. — Dans les cas prévus par l'article précédent, les receveurs des postes et télégraphes donnent immédiatement avis aux destinataires de l'arrivée des paquets qui, en raison de leur nombre ou de leur forme, de leur poids ou de leur volume, ne peuvent être portés à domicile par les facteurs, et ils invitent ces destinataires à les faire prendre au bureau.

Art. 39. — Les journaux et imprimés de toute nature, les papiers de commerce ou d'affaires, les épreuves d'imprimerie corrigées et les échantillons admis à la recommandation au droit fixe de 25 centimes en sus de la taxe qui leur est applicable, restent soumis, quant au mode de conditionnement des paquets, aux règles fixées par le présent arrêté.

Art. 40. — Les dispositions des articles 35, 37 et 38 ne sont pas applicables aux objets recommandés.

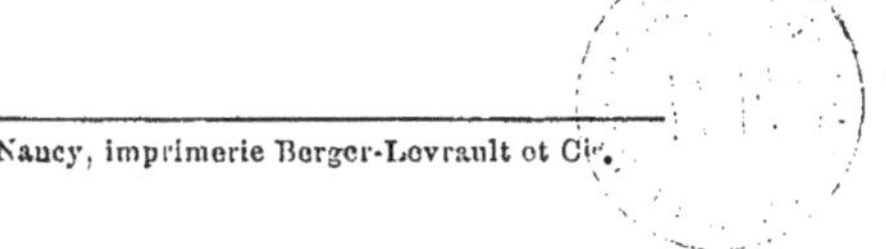

Nancy, imprimerie Berger-Levrault et Cie.